DÉCOUVRONS L'ART

LE SURRÉALISME

Linda Bolton

GAMMA • ECOLE ACTIVE

titre original : *Surrealism*.

Traduit par Martine Chard-Hutchinson.
Dépôt légal : Mai 2000. Bibliothèque nationale.
ISBN 2-7130-1890-0.

Exclusivité au Canada :
Éditions École Active
2244, rue de Rouen, Montréal, Qué. H2K 1L5.
Dépôts légaux : 2e trimestre 2000.
Bibliothèque nationale du Québec,
Bibliothèque nationale du Canada.
ISBN 2-89069-615-4.

Loi n° 49-956 du 16 juillet 1949
sur les publications destinées à la jeunesse.

Imprimé en Chine.

Crédits photographiques :

Couverture : Joan Miró, Le Carnaval d'Arlequin, 1924-5 © ADAGP Paris/DACS London 2000. Albright Knox Gallery, Buffalo. Photo Bridgeman Art Library. 1 : René Magritte, La Chambre d'écoute, 1952 Kunsthaus Zürich, donated by Walter Haefner, Photo AKG London. 4 : Hieronymus Bosch, Le Jardin des délices, detail, 1505-10, Museo del Prado, Madrid. Photo AKG London. 5 : Guiseppe Arcimboldo, L'Été, 1563. Kunsthistorisches Museum, Vienna. Photo Bridgeman Art Library. 6 : Giorgio de Chirico, Le Chant d'amour, 1914. © SIAE Rome/DACS London 2000. The Museum of Modern Art, New York. Nelson A. Rockefeller Bequest. Photo © 1999 MOMA, NY. 7t : Marc Chagall, Moi et le village, 1911. © ADAGP Paris/DACS London 2000. The Museum of Modern Art, New York. Mrs Simon Guggenheim Fund. Photo © 1999 MOMA, NY. 7b : René Magritte, Le Modèle rouge, 1935. © ADAGP Paris/DACS London 2000. Musée National d'Art Moderne, Paris. Photo Peter Willi/Bridgeman Art Library. 8 : Salvador Dali, Marché d'esclaves avec apparition du buste invisible de Voltaire, 1940. © DEMART PRO ARTE, Paris & Geneva/DACS London 2000. Collection of The Salvador Dali Museum, St Petersburg, Florida. Photo © 1999 The Salvador Dali Museum Inc. 9t : Salvador Dali, Téléphone-Homard, 1936. © DEMART PRO ARTE, Paris & Geneva/DACS London 2000. Photo Christie's Images/Superstock. 9b : Salvador Dali, Métamorphose de Narcisse, 1937. © DEMART PRO ARTE, Paris & Geneva/DACS London 2000. The Tate Gallery, London. Photo John Webb/Tate Picture Library. 10 : René Magritte, La Chambre d'écoute, 1958 ? Kunsthaus Zürich, donated by Walter Haefner. Photo AKG London. 11t : René Magritte, Les Promenades d'Euclide, 1955. © ADAGP Paris/DACS London 2000. The William Hood Dunwoody Fund. The Minneapolis Institute of Arts, Minnesota. Photo MIA. 12 : Joan Miró, Personnage lançant une pierre à un oiseau, 1926. © ADAGP Paris/DACS London 2000. The Museum of Modern Art, New York. Purchase. Photo © 1999 MOMA, NY. 13t : Joan Miró, Le Carnaval d'Arlequin, 1924-5.© ADAGP Paris/DACS London 2000. Albright Knox Gallery, Buffalo. Photo Bridgeman Art Library. 13b : Joan Miró, Chien aboyant à la lune, 1926. © ADAGP Paris/DACS London 2000. Philadelphia Museum of Art, A.E. Gallatin Collection. Photo PMA. 14 : Max Ernst, Au premier mot limpide, 1923. © ADAGP Paris/DACS London 2000. Kunstsammlung Nordrhein-Westfalen, Dusseldorf. Photo Peter Willi/Bridgeman Art Library. 15 : Max Ernst : Deux enfants sont menacés par un rossignol, 1924. © ADAGP Paris/DACS London. The Museum of Modern Art, New York. Purchase. Photo © 1999 MOMA, NY. 16 : Paul Delvaux, Le Squelette à la coquille, 1944. © SABAM Brussels/DACS London 2000. Private Collection. Photo © Foundation Paul Delvaux, St Idesbald. 17 : Paul Delvaux, Sirène au clair de lune, 1949. © SABAM Brussels/DACS London 2000. Southampton City Art Gallery. Photo Bridgeman Art Library. 18 : Yves Tanguy, Jour de lenteur, 1937. © ARS New York/DACS London 2000. Musée National d'Art Moderne, Paris. Photo Philippe Migeat, Photothèque des collections du Mnam-cci. 19 : Yves Tanguy, Maman, papa est blessé, 1927. The Museum of Modern Art, New York. Purchase. Photo © 1999 MOMA, NY. 20 : Man Ray, Cadeau, c1958, replica of 1921 original. © ADAGP Paris/DACS London 2000. The Museum of Modern Art, New York. James Thrall Soby Fund. Photo © MOMA, NY. 21t : Man Ray, Les Larmes 1932. © Man Ray Trust/ADAG Paris/DACS London 2000. Photo © Telimage, Paris - 1999. 21b : Man Ray, À l'Heure de l'Observatoire – les Amoureux, 1932 – 4. Private Collection. © Man Ray Trust/ADAGP Paris/DACS London 2000. Photo © Telimage, Paris 1999. 22 : Francis Picabia, Plumes, 1921. © ADAGP Paris/DACS London 2000. Private Collection. Photo Giraudon. 23 : Francis Picabia, Le Beau charcutier, 1924 – 6 & 29 – 35. © ADAGP Paris/DACS London 2000. The Tate Gallery, London. Photo Tate Picture Library. 24 : Pierre Roy, Bureau de naturaliste, 1928. © ADAGP Paris/DACS London 2000. The Tate Gallery, London. Photo Tate Picture Library. 25 : Pierre Roy, Danger sur l'escalier, 1927 – 8. © ADAGP Paris/DACS London 2000. Museum of Modern Art, New York. Gift of Abby Aldrich Rockefeller. Photo © MOMA, NY. 26 : Roland Penrose, Domino ailé, portrait de Valentine Penrose, 1937. © Estate of Sir Roland Penrose. Private Collection. 27 : Roland Penrose, Voir c'est croire, l'île invisible, 1937. © Estate of Sir Roland Penrose. Private Collection. 28t : Meret Oppenheim, Lunch in Fur, 1936. © PRO LITERIS Zurich/DACS London 2000. Museum of Modern Art, New York. Purchase. Photo © MOMA, NY. 28b : Conroy Maddox, Passage de l'Opera, 1940. © the artist. The Tate Gallery, London. Photo Tate Picture Library. 29t : Leonora Carrington, Baby Giant, 1947. © ARS New York/DACS London 2000. Private Collection. Photo Bridgeman Art Library. 29b : Paul Nash, Harbour and Room, 1932-6. © The artist's estate. The Tate Gallery, London. Photo Tate Picture Library.

Sommaire

Rêves surréalistes 4

Salvador Dali 8
René Magritte 10
Joan Miró 12
Max Ernst 14
Paul Delvaux 16
Yves Tanguy 18
Man Ray 20
Francis Picabia 22
Pierre Roy 24
Roland Penrose 26

D'autres surréalistes 28

Glossaire • Quelques dates 30-31
Index 32

RÊVES SURRÉALISTES

Peut-on peindre l'impossible ? Dessine-t-on ses rêves ? Voit-on deux images différentes dans le même tableau ? Les surréalistes, oui ! Ils ont peint des objets impossibles, d'étranges mises en scène et des illusions d'optique insensées qui ont surpris et enthousiasmé le public. Mais pourquoi l'ont-ils fait ?

Le surréalisme fut inventé par le poète français André Breton, peu après la Première Guerre mondiale (1914-1918) qui a décimé des millions d'hommes. Breton pensait que l'art devait prendre ses distances avec les atrocités de la guerre, avec le monde de la politique et du travail. Selon lui, l'art, comme la vie, devait se nourrir de rêves ; les peintres ne devaient pas peindre ce qu'ils voyaient autour d'eux, mais se concentrer sur leurs rêves et peindre, dans toute leur bizarrerie et leur étrangeté, les scènes et idées baroques nées de leur imaginaire.

Breton et ses amis adoptèrent le mot surréel pour décrire leurs idées, surréel signifiant au-delà du réel. Ils pensaient en effet que les rêves n'étaient pas seulement différents du réel, ils étaient plus réels que le réel ! Pour citer Breton : « Le surréalisme est fondé sur l'idée que le rêve est plus réel que la réalité. ». Il rassembla un groupe de poètes et de peintres qui se mirent à l'art surréaliste. Certains peignaient des tableaux qui représentaient l'impossible, comme ce qui arrive dans les rêves. D'autres s'empêchaient de penser à ce qu'ils écrivaient ou peignaient pour mieux laisser courir leur plume ou leur pinceau. Mais ce que les surréalistes préféraient c'est le magique, l'insolite, le surprenant, comme par exemple les personnages sans visage ou les assemblages inattendus d'objets.

JÉRÔME BOSCH
Le Jardin des délices

(Détail) 1505 – 10, huile et détrempe sur bois

Ce peintre hollandais, qui vécut voilà 500 ans, est pourtant un surréaliste de la première heure. Au lieu de peindre le réel, il faisait surgir des scènes imaginaires effrayantes. Son œuvre n'est que visions cauchemardesques peuplées d'oiseaux géants, de poissons monstrueux et d'hommes prisonniers d'immenses bulles transparentes. Les surréalistes admiraient le style unique de Bosch, en qui ils voyaient un précurseur étonnant.

GIUSEPPE ARCIMBOLDO
L'Été

1563, huile sur toile

Les surréalistes aimaient aussi le travail de Giuseppe Arcimboldo, peintre italien du XVIe, qui peignait des portraits à partir d'assemblages de fruits et de légumes, comme cet homme d'été. Une courgette lui sert de nez, des cerises de lèvres, une gousse de pois de dents et une pêche de joue ! Les surréalistes appréciaient le choix d'Arcimboldo d'utiliser un objet pour en représenter un autre.

Les surréalistes s'intéressaient non seulement aux rêves, mais encore à la folie, à la mémoire, au hasard et aux coïncidences. Ils aimaient placer les objets de la vie quotidienne dans des environnements inattendus, et mélanger des idées et des images très différentes. Par exemple, ils alliaient des éléments naturels comme les fruits et les animaux à des figures abstraites. Ainsi un objet se transformait en un autre à mi-toile. Les surréalistes pensaient, comme Baudelaire, que « cet élément inattendu, l'étrangeté, est comme le condiment indispensable de toute beauté ».

GIORGIO DE CHIRICO
Le Chant d'amour

1914, huile sur toile

Les surréalistes ont été fortement influencés par le peintre italien Giorgio De Chirico. Ce tableau a été peint peu avant le mouvement surréaliste, mais il s'appuie déjà sur l'effet de surprise et semble dénué de sens. D'abord, le titre, *Le Chant d'amour*, ne renvoie à aucun des éléments du tableau. Au lieu d'y voir des amoureux, nous voyons un assemblage d'objets composé d'un grand gant de caoutchouc, d'un buste et d'une boule verte. Et cette forme à gauche, est-ce une cheminée de train qui lance un jet de vapeur, ou un nuage blanc dans le ciel bleu ? Les surréalistes admiraient ce style énigmatique, dont ils firent également grand usage.

MARC CHAGALL
Moi et le Village

1911, huile sur toile

Chagall était un peintre russe qui a vécu à Paris. Ce tableau représente Vitebsk, le village natal du peintre en Russie. Il n'est apparemment pas réaliste. Une femme marche la tête en bas dans le ciel, le grand visage humain vert a des lèvres blanches, et le mouton porte un collier de perles. Les maisons et l'église du village sont multicolores et certaines sont à l'envers également. C'est un kaléidoscope de rêves et de souvenirs jetés pêle-mêle. Chagall a inspiré beaucoup de surréalistes, qui ont souvent peint des souvenirs et fait défier les lois de la gravité à leurs créations.

RENÉ MAGRITTE
Le Modèle rouge

1935, huile sur toile

Le titre de cette toile nous sensibilise à l'étrangeté de l'image proposée. Il n'y a rien de rouge dans le tableau et il n'y a pas de modèle non plus, à moins que ce ne soit les deux objets insolites qui se trouvent au premier plan. Des bottes ou des pieds ? Et parmi les objets sur le sol, vois-tu les pièces de monnaie, un mégot et un morceau de papier ? Composé d'objets familiers, le tableau nous plonge cependant dans une étrangeté inquiétante.

SALVADOR DALI 1904 – 1989

« La différence entre un fou et moi c'est que moi, je ne suis pas fou »

Le peintre espagnol Salvador Dali a rejoint les surréalistes en 1928 après avoir rencontré André Breton à Paris. Dali est le peintre surréaliste le plus célèbre, même si Breton l'a exclu du mouvement parce qu'il s'intéressait trop à l'argent !

Les tableaux de Dali, extrêmement détaillés, représentent des personnages ou des objets étranges et déformés, situés dans des paysages surréels. Selon ses affirmations, ils étaient les images fidèles de ses rêves.

Marché d'esclaves avec apparition du buste invisible de Voltaire

1940, huile sur toile

Dali était fasciné à l'idée de voir deux images différentes en un seul tableau. Au centre de celui-ci, on voit soit deux petits personnages habillés de noir dans le marché, soit un buste du philosophe français, Voltaire. Mais les voit-on l'une et l'autre ? C'est très difficile : les deux images sont présentes, mais le regard se porte soit sur l'une soit sur l'autre. Dali a donné à ce style de représentation une appellation fantaisiste : la méthode « paranoïaque-critique ».

Le Téléphone homard

1936, plâtre et matériaux divers

Dali a remplacé l'écouteur de ce téléphone par un homard. Chose singulière, en raison de sa forme allongée et de sa queue recourbée, le homard évoque un véritable combiné. Mais c'est la dernière chose que l'on s'attend à voir posée sur un téléphone ! Imaginer quelqu'un utiliser ce téléphone est à la fois amusant et effrayant. Rapprocher deux objets de natures très différentes, animale pour l'un et mécanique pour l'autre, dans le but de capter l'attention du public est typique des méthodes surréalistes.

Métamorphose de Narcisse

1937, huile sur toile

Dans la mythologie grecque, Narcisse était un beau garçon qui tomba amoureux de son reflet dans l'eau et mourut noyé. Là où il mourut, une fleur poussa que l'on appela le narcisse. La version de Dali pour cette histoire montre non seulement Narcisse et son reflet, mais aussi une étrange main de pierre qui tient un œuf, d'où sort un narcisse. C'est la reproduction exacte de la position de Narcisse se mirant dans l'eau. La même image est reproduite une troisième fois à l'arrière-plan, la vois-tu ?

COUP DOUBLE

Les tableaux paranoïaques-critiques de Dali montrent deux choses à la fois. Pour créer cet effet, dessine les contours de deux visages identiques de profil qui se font face, de façon à ce que l'espace qui les sépare ait la forme d'un vase.

RENÉ MAGRITTE 1898 – 1967

« La seule chose qui me passionne c'est le mystère du monde »

Magritte était un peintre belge qui a rencontré les surréalistes à l'occasion du séjour à Paris qu'il fit de 1927 à 1930. Ses tableaux étranges et énigmatiques font penser à des rêves, voire à des cauchemars. Mais ils sont aussi très lumineux et très beaux, riches de couleurs et de formes simples.

Magritte avait une préférence pour certains sujets qui jalonnent son œuvre : les trains à vapeur et les hommes en chapeau melon. Il intégrait souvent des mots à ses tableaux et rendait les objets familiers étranges en les changeant d'échelle ou en cassant les lois de la physique.

La Chambre d'écoute

1952, huile sur toile

Cette pomme géante occupe une pièce vide par ailleurs ; on se croirait dans *Alice au pays des merveilles*. D'une part la présence de ce fruit énorme est ressentie comme une menace, de l'autre on éprouve le sentiment de claustrophobie de la pomme, privée d'espace. Le titre du tableau rend compte de l'atmosphère de la pièce. Mais qui est supposé écouter : la pomme, la pièce, ou celui qui regarde le tableau ? Et qu'écoutent-ils ? Magritte joue avec les mots et les objets dans ses tableaux ; il se sert de quelques éléments simples pour créer des images choc.

La Reproduction interdite
1937, huile sur toile

Le titre choisi par Magritte est une expression utilisée par les artistes quand ils refusent que leurs œuvres soient reproduites. C'est aussi une allusion à ce qui se passe dans le tableau. Contrairement à notre attente, ici le miroir ne réfléchit pas le visage de l'homme, mais son dos. Toutefois, il réfléchit normalement le livre posé sur l'étagère ! Même si nous ne voyons pas le visage de l'homme, nous savons que ce tableau est un portrait de Edward James, célèbre collectionneur anglais d'œuvres surréalistes dont le fameux *Téléphone homard* de Dali (page 9) et le *Modèle rouge* de Magritte (page 7).

UN TABLEAU SURRÉALISTE
Pour créer une œuvre surréaliste, peins deux objets très différents ou découpe-les dans un magazine. Place-les dans un décor surréel et donne à ce tableau un titre qui n'a rien à voir avec ce qu'il représente !

De nombreux tableaux de Magritte représentent d'autres tableaux. Ici, nous voyons un tableau posé sur un chevalet devant une fenêtre.
Le paysage est si fidèlement restitué qu'il est difficile de dire où s'arrête la toile. Magritte a aussi semé la confusion en répétant dans le tableau deux formes coniques semblables : celle de gauche est le toit d'une tour, celle de droite une rue qui disparaît dans le lointain.
Le titre nous fournit peut-être une indication, car Euclide est l'inventeur de la géométrie, la science des formes.

Les Promenades d'Euclide
1955, huile sur toile

JOAN MIRÓ 1893 – 1983

« Le plus surréaliste de nous tous »

Comme Dali, Miró est né en Espagne mais il a passé toutes ses années de peintre à Paris. Il connut souvent la pauvreté et eut parfois le ventre creux. Il disait que la faim lui donnait des hallucinations, visions colorées et animées qu'il peignait. Comme les autres surréalistes, Miró était fasciné par l'enfance et pensait que les enfants, préservés des soucis des adultes, avaient conservé une pureté d'émotions. Quand Miró peignait, il voulait ressembler à un enfant. Il donnait libre cours à son inconscient et laissait parler ses émotions et son imagination.

Le style infantile de Miró paraît dans cette scène avec l'utilisation des couleurs : le jaune du sable, le noir de la mer et le vert du ciel. Il y a un personnage fantastique, une tête à pied. Le coq agressif a des formes géométriques, et le jet de pierre est marqué par une ligne en pointillés. Le plus étrange, c'est que le personnage qui jette la pierre semble dépourvu de bras, peut-être représentés par la fine ligne noire.

Personnage lançant une pierre à un oiseau
1926, huile sur toile

Le Carnaval d'Arlequin

1924 – 25, huile sur toile

Des formes mouvantes gambadent à l'intérieur de cette pièce. La portée sur le mur suggère que la pièce résonne d'airs entraînants qui accompagnent la danse de ces figures. Elles bondissent en se tortillant, elles sautent de l'échelle et nagent dans l'air. C'est la nuit. Par la fenêtre, le ciel semble calme contrairement au désordre qui règne à l'intérieur. Ce tableau est peut-être un exemple de création sous l'emprise de la faim.

JEUX D'ESPRIT

Miró a souvent peint en laissant courir son imagination. Ferme les yeux et laisse aller ton crayon sur une feuille de papier. Peins les motifs de couleurs vives et demande à un ami d'intituler ton dessin.

Chien aboyant à la lune

1926, huile sur toile

Dans ce tableau, le chien et la lune, déformés et colorés, semblent sortis d'un dessin animé. Par ailleurs, le ciel noir et l'échelle qui monte vers le néant créent une impression de tristesse. Miró a peint ce tableau l'année où il a perdu son père. C'est peut-être ce que symbolise cette échelle. Comme souvent, c'est l'un des amis de Miró qui a donné son titre au tableau achevé.

MAX ERNST 1891 – 1976

« Je me voyais tomber amoureux de ce que je voyais »

Max Ernst était allemand. Il a rencontré André Breton à Paris. Breton lui a dit de peindre sans y penser et de commencer par quelque chose d'imprévu. C'est ce qui arriva un jour de pluie alors que Ernst se trouvait dans une auberge au bord de la mer. Regardant le sol, hypnotisé par ce qu'il voyait, Ernst réalisa des frottages sur le plancher. En déplaçant le papier au hasard, il reproduisait des visions étranges et d'autres mondes. Il tenta aussi le frottage sur écorce d'arbre, le dessin à la fumée de bougie et l'étalement aléatoire de taches de peinture.

Au premier mot limpide

1923, huile sur plâtre, transférée sur toile

Ernst a suivi la tradition surréaliste de l'art expérimental, mais aussi celle d'une peinture lumineuse qui représente d'étranges scènes. Dans celle-ci, une main passe par une fenêtre pour saisir une boule suspendue à une ficelle. Les formes géométriques élémentaires se combinent aux éléments naturels, que sont deux plantes et un insecte verts. Impossible de faire le lien entre les objets représentés et le titre. Ces doigts croisés ont-ils un lien avec l'espoir ou le mensonge ? Impossible de trouver une réponse, Ernst a voulu que ce tableau soit illogique. Il nous a fourni les images, à nous de les interpréter à notre guise.

Le rossignol est connu pour son chant mélodieux, et non pour faire peur aux enfants ! Ici, on voit trois enfants, l'un court, l'autre gît sur l'herbe, et un troisième est porté par un homme sur un toit. Un rossignol minuscule bat des ailes dans le coin gauche du tableau. Ernst a écrit le titre mystérieux du tableau sur le cadre. Sur le tableau ont été collés des objets en bois, comme le portail et l'étrange bouton rouge de sonnette en haut à droite. Offrent-ils une porte de sortie dans un autre monde en trois dimensions ? En regardant le tableau, nous avons la sensation d'être prisonniers d'une hallucination ou d'un cauchemar.

Deux enfants sont menacés par un rossignol

1924, huile sur toile avec bois

FROTTAGES ALÉATOIRES

Imite les méthodes du peintre et fais des frottages sur plancher, écorce d'arbre ou autres surfaces à grain. Tiens bien le papier et frotte un crayon de cire ou une mine tendre dessus. À quoi te font penser les dessins obtenus ?

PAUL DELVAUX 1897 – 1994

« Mon unique ambition était de tenter d'exprimer l'indéfinissable »

À la différence de certains surréalistes, Delvaux, né en Belgique, a reçu une formation de peintre dès son jeune âge. Il s'inspira de l'œuvre De Chirico, qu'il appelait « le poète du vide ». Delvaux voulait créer le même type d'œuvre. Il admirait le style simple et dépouillé de Chirico, ses ombres aussi. Il lui a emprunté certains sujets, comme les temples grecs et les trains à vapeur, et il resta fidèle au surréalisme pendant toute sa longue vie de peintre.

Le Squelette à la coquille

1944, huile sur aggloméré

Delvaux reproduisait souvent des scènes de l'Antiquité grecque ou romaine dans ses tableaux. On voit ici, entourés de hautes colonnes de pierre, deux squelettes à l'intérieur de ce qui ressemble à un temple grec. Le caractère étrange du tableau émane des squelettes qui au lieu d'être immobiles au milieu des ruines, ont un comportement d'êtres vivants. L'un se penche pour ramasser un coquillage sur le sol, et l'autre se repose sur une chaise longue. Au-delà des colonnes, on devine un train. Ces os vivants dans un décor comprenant des objets antiques et modernes évoquent le mélange de plusieurs époques.

Sirène au clair de lune

1949, huile sur bois

Au premier coup d'œil, nous remarquons quelque chose de déplacé dans ce tableau. Une sirène appartient au monde marin. Comment a t-elle donc atteint cette place froide et déserte ? Elle est étendue sur un socle ; c'est peut-être une statue, pourtant elle semble vivante.

À la manière d'un tableau surréaliste, des êtres vivants, ou surnaturels, des éléments architecturaux et des objets mécaniques se côtoient. Il est minuit et quart à l'horloge de la tour, c'est l'heure où, dans les contes, les mortels dorment en rêvant tandis que les créatures mythiques envahissent le monde. Le quotidien devient magique et étrange. Peut-être qu'à l'aube, la sirène se sera pétrifiée.

VISIONS ONIRIQUES

Les scènes incroyables représentées dans les tableaux surréalistes viennent du monde des rêves. Essaie de te souvenir d'un de tes rêves, prends-le en note à ton réveil, puis peins ce qui s'est produit dans ton rêve aussi clairement que possible.

YVES TANGUY 1900 – 1955

« Peintre des merveilles souterraines et océaniques »

Yves Tanguy est né à Paris. Il a eu divers emplois. Il a été marin, ce qui le conduisit jusqu'en Amérique du Sud et en Afrique. Il a travaillé pour une agence de dépêches, a été conducteur de tram et a aussi vendu des sandwiches. Puis un jour, sous l'impulsion d'un choc visuel d'un tableau de Giorgio De Chirico, il se mit à peindre. Après sa rencontre avec André Breton, qui devint un ami très proche, Tanguy rejoignit les surréalistes. Ses tableaux ne représentent pas des objets et des scènes reconnaissables. Ils sont au contraire pleins d'étranges formes gélifiées qui rampent sur des sols quasi lunaires.

Jour de lenteur

1937, huile sur toile

Ce titre ajoute à l'étrangeté du tableau où des formes insolites donnent l'impression de se traîner sur le vide d'une surface lisse. Est-ce le ciel que nous voyons en haut, ou bien est-ce que le sol occupe tout l'espace du tableau ? Où sommes-nous ? Dans le désert, sur la lune ou sur une autre planète ? Impossible à dire. Tout ceci crée une impression d'espace futuriste et pourtant le tableau ne s'inspire d'aucun paysage lunaire réel, étant donné qu'il a été peint bien avant 1969, date du premier alunissage.

Maman, papa est blessé !

1927, huile sur toile

Ce titre inquiétant suggère une scène d'action ou même une tragédie. Mais, quand on cherche des personnages blessés ou des objets dangereux, on ne découvre que d'étranges formes dispersées. Que représente cette tige sur la droite ? Pourquoi des lignes blanches relient-elles les objets sur la gauche ? Tanguy ne nous donne aucun indice. Il a laissé parler son inconscient pour en livrer le produit au spectateur qui ne peut que rester perplexe. À la vue d'un tableau de Tanguy, on a l'impression de s'éveiller d'un rêve inquiétant. On cherche à lui trouver un sens mais peut-être n'y en a-t-il aucun.

DANS L'ESPACE

Les tableaux de Tanguy évoquent d'autres mondes, des paysages insolites peuplés de créatures inconnues. Comment représenterais-tu un paysage extraterrestre ? À quoi ressembleraient ses habitants ?

MAN RAY 1890 – 1976

« Rien n'est vraiment inutile »

Man Ray est un photographe américain qui a rejoint le mouvement surréaliste à Paris. Il a pratiqué différentes formes d'art : peinture, sculpture et surtout photographie. Selon Man Ray, la photographie est un art à part entière. Il fit des portraits à la pose très étudiée et y incorpora des objets et même des personnages. Il a aussi inventé les *Rayographies* ou tableaux abstraits obtenus à partir d'objets placés sur papier sensible.

Cadeau

1958 (réplique de l'original 1921), fer à repasser et punaises peints

Man Ray a confectionné cette sculpture en collant une rangée de punaises pointues sur la semelle d'un fer à repasser. L'objet n'est plus l'appareil qui sert à la ménagère, il est devenu inutile, voire dangereux. Un simple coup d'œil suffit à te faire imaginer avec horreur ce qu'il arriverait si on essayait de l'utiliser pour repasser. Le titre ne fait qu'aggraver les choses ; quel cadeau impensable ! L'alliance de deux objets domestiques du quotidien, utilisés à des fins différentes, crée un effet à la fois humoristique et déconcertant, un choc aussi.

Les Larmes

1930 – 33, photographie

Voici l'une des plus célèbres photos de Man Ray. C'est un visage de femme en gros plan. Des larmes de verre, rondes et brillantes sont collées sur ses joues. On remarque de longs faux cils. Avec son maquillage de scène et le caractère forcé de son expression, elle ressemble à une vedette du cinéma muet. Ce n'est pas une image très convaincante d'une femme en pleurs. Man Ray a travaillé la perfection formelle des éléments artificiels : larmes, cils et ovale exagéré des yeux. Ces formes rappellent les tableaux abstraits.

PORTRAIT SINGULIER

Pour faire un portrait surréaliste, demande à un ami de poser pour une photo avec un objet masquant l'un de ses traits : mets par exemple une fleur sur une joue ou un œuf sur un œil, sans les faire tomber ! Prends la photo en gros plan. Ce portrait change-t-il l'image que tu as de la personne ?

À l'heure de l'observatoire, les amoureux

1932-34, huile sur toile

Voici ce que Man Ray a écrit à propos de ce tableau : « Les lèvres rouges flottaient dans un ciel bleuâtre au-dessus d'un paysage crépusculaire, et, dans le lointain, on devine les contours d'un observatoire. » Il disait que ces lèvres immenses étaient « comme la terre et le ciel, comme toi et moi. » Man Ray y a créé une impression de paix, mais à cause de ces lèvres qui planent, menaçantes, il a aussi rendu le tableau très inquiétant.

FRANCIS PICABIA 1879 – 1953

« Mes tableaux sont très en rapport avec ma vie »

Picabia est né à Paris et a pratiqué des styles de peinture différents. Cubiste, il a travaillé avec Picasso. Puis, il fit partie du mouvement dada. Cet extravagant mouvement, parti de Suisse, gagna l'Europe et l'Amérique. Les dadaïstes aimaient l'art spontané et les représentations absurdes. Le mouvement prit fin en 1922, mais les surréalistes reprirent ses idées et Picabia, célèbre pour ses dessins en couverture du magazine surréaliste *Littérature*, les rejoignit.

Plumes

1921, huile et collage

Pour représenter cette plage, Picabia a utilisé des plumes, des pâtes et du papier - des matériaux employés par les enfants pour leurs collages. Les plumes représentent les palmes, les bouts de spaghetti un escalier sur la dune, et les grains de maïs les galets ! Le tableau est simple, mais la technique de collage nous permet de voir dans un objet deux choses différentes, des plumes ou des palmes par exemple. Cette technique rappelle celle de Dali ou d'autres surréalistes (voir pages 8-9).

Le Beau charcutier

1935, huile sur toile

Picabia a peint cet étrange portrait par-dessus une autre de ses œuvres : il s'agit d'un collage réalisé quelques années auparavant. On reconnaît la forme des yeux et de la moustache d'un homme, son visage rose et ses cheveux délimités par des peignes. Mais, par-dessus, Picabia a peint les contours d'un beau visage de femme. Les lignes rouges qui apparaissent sur la chemise blanche de l'homme ressemblent au premier coup d'œil à des filets de sang, référence possible à son métier de charcutier. Mais ce sont peut-être aussi les cheveux de la femme. Ce tableau représente deux portraits simultanés ; le trouves-tu beau ?

LE COLLAGE

Pour faire un collage, il suffit de rassembler certains des matériaux courants, comme des pâtes, des anneaux, des capsules, de la ficelle et du papier alu, et de les disposer selon son inspiration pour composer un paysage ou un portrait.

PIERRE ROY 1880 – 1950

« Des surprises à la lumière du jour »

Pierre Roy travailla d'abord dans un cabinet d'architecte. Il rejoignit le mouvement surréaliste après avoir rencontré Giorgio De Chirico à Paris. Ce peintre, qu'il considérait comme le père du surréalisme, fit une forte impression sur lui.

Les tableaux de Roy, De Chirico et de Magritte, représentent des objets réalistes, mais hétéroclites, qui produisent des effets irréels et oniriques. Roy disait qu'il recherchait le sens de ses tableaux des mois après leur achèvement.

Bureau de naturaliste

1928, huile sur toile

Roy peignait souvent des serpents. Dans ce tableau, une bande en forme de serpent est épinglée sur le sol. Le serpent ainsi que les œufs suspendus au mur rappellent le monde du naturaliste, quelqu'un qui étudie la nature et la vie sauvage. Mais que penser de la roue et du train ? Dans les tableaux surréalistes, de Magritte et Dali par exemple, les éléments naturels et mécaniques sont souvent juxtaposés. Voyons-nous un train à travers une fenêtre, ou bien ce train fait-il partie d'un tableau posé contre le mur ?

Danger sur l'escalier

1927 – 28, huile sur toile

Le danger est évident ici : le serpent fait particulièrement peur parce qu'il n'est pas dans son environnement habituel, zoo ou jungle. Il descend l'escalier d'un immeuble parisien, glissant le long des marches cirées, passe devant les portes fermées d'un appartement cossu. Roy joue ici avec notre peur de rencontrer le danger dans la quiétude de notre environnement quotidien. Toutefois ces deux oppositions se rejoignent au plan de la forme : la spirale de l'escalier et des rambardes reprend les contorsions du serpent.

POUR FAIRE PEUR

Chez Roy, les serpents symbolisent les éléments qui nous font peur dans la vie. Qu'est-ce qui t'effraie le plus ? Les araignées, les hauteurs, les lieux clos ? Essaie de peindre ce qui te fait peur.

ROLAND PENROSE 1900 – 1984

« Écrire les nouvelles de demain dans le ciel »

Roland Penrose, né à Londres, partit étudier la peinture à Paris, au lendemain de la Première Guerre mondiale. Max Ernst lui fit découvrir le surréalisme et devint son ami. Penrose fit connaître le surréalisme à la Grande-Bretagne. Ce fut non seulement un peintre et un sculpteur, mais également un mécène qui assura la promotion de l'art et des artistes. Il organisa une grande exposition surréaliste à Londres en 1936 et écrivit des ouvrages, dont un consacré à Picasso.

Domino ailé, portrait de Valentine

1937, huile sur toile

La deuxième partie du titre indique qu'il s'agit d'un portrait, peut-être celui d'une personne qui existe. Les traits sont ici masqués par des papillons. Le domino est un vêtement flottant avec capuchon porté dans les bals masqués ; la tête de Valentine semble encapuchonnée par des ailes d'oiseau. Sa peau bleue lui donne un air étrange et artificiel. Son apparence figée, son collier d'épines, les oiseaux et les papillons évoquent une statue envahie par le monde sauvage.

Voir c'est croire, l'île invisible

1937, huile sur toile

L'île du titre est formée par la réunion de la chevelure qui tombe en cascade, d'un village portuaire et d'une main émergeant d'une mer étincelante. Il n'y a pas de terre, mais d'autres éléments créent cette impression d'île. La tête à l'envers tombe-t-elle d'un ciel orageux ou bien s'agit-il d'une montagne escarpée sur laquelle aurait été sculpté un visage ? Retourne le tableau et tu constateras qu'une toile surréaliste peut se regarder aussi bien à l'envers qu'à l'endroit.

AVEC UN VISAGE

Penrose réalise des tableaux étranges avec des visages. Pour en faire autant, découpe un visage dans un magazine et transforme-le en maison ou en montagne. Colle d'autres images, par exemple des insectes, des fruits, sur les traits.

D'AUTRES SURRÉALISTES

Le mouvement surréaliste a inspiré de nombreux artistes. Voici quelques-unes de leurs œuvres. Dans ces tableaux, nous retrouvons des thèmes précédemment rencontrés chez différents peintres tout au long de ce livre, par exemple des hommes en chapeau melon et des objets déplacés.

MERET OPPENHEIM

Tasse à thé doublée de fourrure

1936, Tasse et fourrure
avec soucoupe et cuillère

Meret Oppenheim est né a Berlin ; elle est peintre et créatrice d'objets. Sa tasse doublée de fourrure, avec soucoupe et cuillère, est devenue l'une des images surréalistes les plus marquantes.

CONROY MADDOX

Passage de l'Opéra

1940, huile sur toile

Les œuvres de ce peintre surréaliste anglais ressemblent à celles de Magrittte (page 10). Ici, des hommes portant un costume strict et un chapeau melon se promènent dans les allées, mais la présence du lion, au premier plan, rend la scène étrange. Sa blancheur éclatante laisse penser qu'il s'agit d'une statue, tandis que sa cape et l'expression de sa gueule nous prouve qu'il est bien vivant.

LEONORA CARRINGTON

Le Bébé géant

1947, huile sur toile

Leonora Carrington est née en Angleterre et a vécu à Mexico. Sur cette toile, un bébé géant tient un œuf dans ses mains. Il domine deux paysages : la mer sous la tempête, sur laquelle on voit des bateaux Viking et une forêt habitée de créatures magiques. Les œufs sont souvent représentés dans les tableaux de ce peintre.

PAUL NASH

Port et pièce

1932 – 36, huile sur toile

Nash est un autre peintre surréaliste anglais dont les tableaux rappellent ceux de Magritte et de Delvaux. Cette scène montre à la fois l'intérieur d'une pièce, et, à une échelle différente, un port. L'eau submerge la pièce et les vagues envahissent le sol.

GLOSSAIRE

abstrait (art) : art non figuratif qui ne cherche pas à montrer la réalité.
aléatoire : qui dépend du hasard.
aplat : surface de couleur uniforme dans une peinture ou une impression.
buste : la tête et les épaules.
claustrophobie : peur d'être enfermé dans un lieu clos.
collage : assemblage de matériaux, papier, tissu et photos, collés sur un fond.
cubisme : mouvement artistique qui a vu les peintres utiliser des formes géométriques comme les cubes, les cylindres et les cônes dans leurs tableaux ou leurs collages.
détrempe : genre de peinture ancienne faite à partir de poudre de couleur mélangée au blanc d'œuf.
énigmatique : qui renferme une énigme ; se dit d'une personne ou d'un phénomène difficile à comprendre.
fantastique : quelque chose créée par l'imagination ; la licorne est un animal fantastique.
géométrie : branche des mathématiques qui a trait aux lignes, formes et surfaces. Les tableaux surréalistes reposent souvent sur des images géométriques, comme la sphère, la courbe et la ligne pointillée.
hallucination : image irréelle produite par le cerveau sous l'emprise de la drogue, de la faim, de la fatigue ou de la maladie.
huile : tableau exécuté avec des peintures à l'huile.
illusion d'optique : image qui joue des tours à la vue et au cerveau, comme par exemple les tableaux de Dali.
inconscient : ce qui échappe entièrement à la conscience. Les surréalistes ont privilégié l'activité de l'inconscient au détriment de la pensée rationnelle.
mécène : personne qui soutient financièrement les artistes.
métamorphose : changement d'une chose en une autre.
mouvement : groupe d'artistes de même tendance, à une époque précise, avec des techniques et des styles communs.
mythologie : ensemble des récits populaires des êtres surhumains et des actions remarquables propre à une civilisation.
onirique : qui a trait au rêve.
paranoïaque-critique (méthode) : expression inventée par Dali pour décrire les tableaux qui proposent une double perception simultanée.
peinture à l'huile : peinture épaisse dont le liant est fait d'huile et utilisé traditionnellement par les artistes.
portrait : image donnée d'une personne par la peinture, la sculpture, la photographie.
précurseur : un artiste qui par une œuvre ouvre la voie à un nouveau mouvement.
réalité : tout ce qui nous entoure, maisons ou personnes, par opposition à ce que nous rêvons ou imaginons.
socle : espace sur lequel repose une statue.
style : une manière de s'exprimer propre à un artiste ou à un courant artistique.
surnaturel : qui échappe aux lois de la nature : les fées, les anges, les démons, les sorcières... sont des êtres surnaturels.
surréel : au-delà du réel.
toile : tissu épais tendu sur un cadre et sur lequel peignent les artistes.
vision : ce que l'on voit en imagination ou sous l'effet d'une hallucination.

QUELQUES DATES

1900 Sigmund Freud publie *Le Rêve et son interprétation*, livre qui traite de l'inconscient et dont l'influence est majeure sur le surréalisme.

1921 André Breton rend visite à Freud à Vienne.

1924 Breton publie le premier *Manifeste du surréalisme*, qui explique en quoi consiste le surréalisme.

1925 Première exposition surréaliste, à la galerie Pierre à Paris.

1926 Man Ray fait un film surréaliste, *Emak Bakia*. Naissance du groupe des surréalistes belges.

1928 Breton publie *le Surréalisme et la peinture*. Dali et son ami Luis Buñuel tournent un film surréaliste, *Un chien andalou*.

1930 Breton publie le *Second Manifeste du surréalisme*.

1933 Naissance du *Minotaure*, revue surréaliste chic.

1934 Le surréalisme gagne l'Égypte.

1935 Exposition surréaliste internationale à Copenhague et Tenerife. Publication du premier *Bulletin international du surréalisme* à Prague.

1936 Exposition d'objets surréalistes à la galerie Ratton, à Paris. Exposition surréaliste internationale à Londres.

1938 Autre exposition surréaliste internationale à Amsterdam.

Plus d'informations

Les musées

Les tableaux des surréalistes sont dispersés dans de nombreux musées et galeries à travers le monde. Les collections les plus importantes se trouvent aux États-Unis, au *Museum of Modern Art* à New York et au *musée Salvador Dali* à Saint Petersburg, en Floride.
Il est également possible de les découvrir dans des musées européens :
le *Musée national d'art moderne*, de Paris, en France ;
le *musée Dali*, à Figueras, en Espagne ;
la *Fondation Joan Miró*, à Palma de Majorque, en Espagne ;
le *musée des Beaux-Arts*, à Bruxelles, en Belgique ;
le *musée Paul Delvaux*, à Saint Idesbalt, en Belgique ;
la *Tate Gallery, à Londres*, en Angleterre.

Quelques livres

Joan Miró, W. Erlen, Taschen, 1998.
René Magritte, J. Meuris, Taschen, 1998.
Salvador Dali, R. Goff, La Mar, 1998.
Henri Gœtz, Exposition de Strasbourg, Garnier-Nocera, 1995.
Yves Tanguy, G. Tanguy, Lanore, 1995.
Les Années surréalistes, A. Masson, Manufacture, 1990.

INDEX

aléatoire 14, 15, 30
Arcimboldo, Giuseppe 5
Été (L') 5
art abstrait 6, 20, 21, 30

Bosch, Jérôme 4, 5
Jardin des délices (Le) 4, 5
Breton, André 4, 8
buste 6, 8, 30

Carrington, Leonora 29
Bébé géant (Le) 29
Chagall, Marc 7
Moi et le village 7
claustrophobie 10, 30
collage 22, 23, 30
cubisme, cubiste 22, 30

dadaïsme 22
Dali, Salvador 8, 9, 22
Marché d'esclaves avec apparition du buste invisible de Voltaire 8
Téléphone homard (Le) 9
Métamorphose de Narcisse 9
De Chirico, Giorgio 6
Chant d'amour (Le) 6, 19
Delvaux, Paul 16, 17
Squelette à la coquille (Le) 16
Sirène au clair de lune 17
détrempe 5, 30

énigmatique 6, 10, 30
Ernst, Max 14, 15
Au premier mot limpide 14
Deux enfants sont menacés par un rossignol 15
fantastique 12, 30
frottage 15

géométrie 11, 12, 14, 17, 30

hallucination 12, 15, 30
huile 30

illusion d'optique 4, 30
inconscient 12, 19, 30

Maddox, Conroy 28
Passage de l'Opéra 28
Magritte, René 7, 10, 11
Modèle rouge (Le) 7
Chambre d'écoute (La) 10
Reproduction interdite (La) 11
Promenades d'Euclide (Les) 11
mécène 26, 30
métamorphose 9, 30
Miró, Joan 12, 13
Personnage lançant une pierre à un oiseau 12
Carnaval d'Arlequin (Le) 13
Chien aboyant à la lune 13
mouvement 6, 8, 20, 22, 24, 30
mythologie 9, 17, 30

Nash, Paul 29
Port et pièce 29

onirique 17, 24, 30
Oppenheim, Meret 28
Tasse à thé doublée de fourrure 28
paranoïaque-critique (méthode) 8, 9, 30
Penrose, Roland 26, 27
Domino ailé, portrait de Valentine 26
Voir c'est croire, l'île invisible 27
Picabia, Francis 22, 23
Plumes 22
Beau charcutier (Le) 23
portrait 5, 20-22, 26, 30
précurseur 5, 30

Ray, Man 20, 21
Cadeau 20
Larmes (Les) 21
À l'heure de l'observatoire, les amoureux 21
réalité 5, 30
Roy, Pierre 24, 25
Bureau de naturaliste 24
Danger sur l'escalier 25

socle 17, 30
style 6, 12, 22, 30
surnaturel 17, 30
surréel 5, 8, 11, 21, 30

Tanguy, Yves 18, 19
Jour de lenteur 18
Maman, papa est blessé 19
toile 5, 30

vision 5, 12, 14, 17, 30